PÉTITION

sur l'Organisation des Ateliers Nationaux.

———❖———

CITOYENS REPRÉSENTANTS,

Créer un signe du travail remplaçant le capital monétaire, donner du travail à tous et en tout temps, sans surcharger l'Etat, sans crainte d'encombrement de produits, combiner le travail de telle sorte que la production réalisable garantisse ce signe et paie en même temps le travail improductif : tel est le problème à résoudre en ce moment.

Permettez à un vieux travailleur qui a parcouru tous les degrés de l'édifice industriel, d'apporter les fruits de sa longue expérience pour aider à la solution de ce problème.

Citoyens Représentants, je viens vous soumettre un projet de reconstitution du travail, dont le principe est la fusion des intérêts de l'agriculture, de l'industrie et du commerce ; et la base, la suppression de la puissance d'action de l'argent qui place des bornes infranchissables au développement de la richesse publique et tient sous le joug, non-seulement le prolétaire, mais encore le pays tout entier.

J'ai négligé les théories, je ne suis d'aucune école, j'ai

1848

étudié l'industrie au milieu des ouvriers. Dans le comptoir, j'ai vu la spéculation se substituer au commerce. Placé sous le joug de l'argent, j'ai reconnu tout ce que son action a de funeste. Fort de mes convictions, je crois pouvoir dire qu'en créant le signe représentatif du travail la mesure de son exécution, la richesse publique ne trouvera plus de limites.

La question ainsi posée se simplifie; éclairée de vos lumières et placée sous son véritable jour, la solution en devient facile.

Cette solution aura pour résultat de modifier la constitution sociale et non de la détruire.

Elle assurera du travail à tous et pour toujours, et permettra de le rétribuer dans la proportion du temps, des forces et de l'intelligence, réclamés pour l'exécuter; par elle, on verra tous les membres de la société, depuis le manœuvre jusqu'au président de la République, occupés à la production et à la conservation de la fortune publique, tous travailleurs, tous ayant droit aux fruits du travail, dans la mesure de celui exécuté par eux ou de l'intelligence développée pour l'obtenir; elle fera du parasite un producteur et de l'argent un moteur, non plus un maître; par elle, les bornes opposées par l'argent au développement de la fortune publique disparaîtront; le travailleur sera affranchi du joug que l'argent fait peser sur lui. Les produits seront obtenus et vendus dans des conditions convenables pour chacun.

Elle assurera le bien-être de tous, à tous elle répartira l'instruction.

Elle placera le malade à l'abri de la misère.

Elle pensionnera le vieillard, la veuve et l'orphelin, et rendra à chacun le fruit de son travail.

Elle confondra en un seul les deux camps où se sont retirés les travailleurs prêts à en venir aux mains pour défendre la même cause.

Tous ces bienfaits, elle les accordera, non pas en renversant le vieil édifice social, mais en le consolidant; en laissant à chacun sa liberté d'action, en maintenant toutes les positions acquises, en soutenant celles qui sont près de crouler, en relevant le crédit public.

Citoyens Représentants, ce qui précède peut être mis en pratique, vous en possédez les éléments : réglementez les ateliers nationaux, et de ces ateliers, où chacun ne voit qu'une cause d'anarchie et de misère publique, sortiront l'ordre, la richesse et la gloire de la France.

Veuillez examiner le projet de réglement des ateliers nationaux que j'ai l'honneur de vous soumettre. En le décrétant, vous jetterez les bases de la constitution du travail. Si vous l'adoptez en principes et que je sois appelé par la Commission du travail, j'aurai l'honneur de lui soumettre les projets de réglement d'intérieur et de détails qui doivent assurer la marche du réglement général et poser les bases de la constitution du travail, à laquelle se rattache, par mille liens imperceptibles, la constitution nationale.

H. OBERT,

Rue de la Victoire, 24.

Paris, le 29 Mai 1848.

De la Modification

DU SYSTÈME MONÉTAIRE.

Le capital argent, le numéraire, est l'intermédiaire indispensable à toutes les transactions de la vie sociale et de la vie politique ; ses fonctions sont innombrables, sans lui rien ne se fait. Il exerce un despotisme d'autant plus grand qu'il est moins abondant ; son joug se fait sentir à tous ; il renverse les Etats, les fait disparaître ou les relève ; il fait du prolétaire un esclave. Si nous ne nous affranchissons pas de sa tyrannie, il tuera la République comme il l'a fait une première fois, comme il a tué les gouvernements précédents, comme il tuerait ceux qui pourraient venir par la suite.

L'argent est notre maître à tous ; maître fantasque dont les caprices nous élèvent ou nous abaissent sans discernement, et font d'un crétin un homme puissant, et d'un grand homme un forçat. Pour lui nous sommes toujours prêts à nous entre-déchirer ; c'est pour lui que tant de guerres civiles ont désolé le vieux monde ; c'est pour lui que l'Espagne a dépeuplé l'Amérique ; c'est lui encore qui nous prépare la plus sanglante des guerres intestines ; c'est lui enfin qui de l'Europe fait un camp où chacun, l'arme au bras, est prêt au premier signe à égorger son frère.

Que l'on fasse un appel à tous pour reconnaître les causes de l'agitation qui règne parmi nous, et les moyens de la calmer, chacun répondra : L'argent manque ; que l'on rétablisse la circulation, et la tranquillité renaîtra.

Examinons froidement ce maître que tous adorent ; cherchons sur quoi repose sa puissance, et nous reconnaîtrons qu'il ne doit sa force qu'au changement de rôle que nous lui avons fait subir : de simple agent qu'il devait être, nous en avons fait une cause de production ; il est le seul intermédiaire de la richesse publique, limitée à son action. Ce point reconnu, l'argent et les valeurs commerciales dont il est la garantie, ne suffisant plus aux exigences industrielles et commerciales, il devient indispensable de créer un signe nouveau de la richesse, ne représentant plus l'argent, mais lui étant substitué. De même qu'à d'autres époques, où, par suite de l'extension du commerce, l'argent ne pouvant plus suffire, les lettres de change furent inventées. Aujourd'hui, pour aider au travail, le développement de l'industrie exige la création d'une nouvelle valeur monétaire pour suppléer à l'insuffisance de l'argent. Cette valeur serait la représentation du travail exécuté, et trouverait sa garantie dans la production.

Dès lors, la richesse ne serait plus détournée de sa véritable source ; elle suivrait son cours, le travail serait libre et accessible à tous, chacun y trouverait l'aisance ; l'excès de production ne serait plus une cause de perturbation, ce serait l'abondance ; la richesse publique ne connaîtrait plus de bornes.

Pour atteindre ce but, je proposerais de considérer

l'argent non plus comme la seule valeur de circulation représentant toutes celles qui le suppléent aujourd'hui, mais comme type de valeur de celles qui seraient appelées à le remplacer. Ceci admis, il serait créé, sous le contrôle et la garantie de l'Etat, un signe direct des objets produits représentant la valeur réelle de ces objets. Ce signe représenterait la richesse; il aurait cours sans l'intermédiaire de l'argent; le travail serait spontané, rien ne l'arrêterait. La valeur servant à le remplacer serait délivrée aux producteurs à mesure de l'exécution du produit. L'argent n'apposerait plus son *veto* sur les bras, sur l'intelligence et sur le bon vouloir du travailleur; il ne viendrait plus, comme aujourd'hui, prélever la plus forte part des fruits du travail; ces fruits n'étant plus surchargés de la part faite à l'argent, donneraient l'aisance au producteur et l'abondance au consommateur.

Sans froisser aucun intérêt, en respectant les droits de tous, l'émission de cette nouvelle valeur monétaire mettrait la richesse à la portée de chacun, l'agriculture et le commerce y puiseraient des nouvelles ressources.

Je pense qu'il conviendrait d'opérer de la manière suivante :

Des hommes ayant des connaissances pratiques dans l'une ou l'autre des diverses branches de la fortune publique seraient choisis pour former, sur tous les points de la France, des comités chargés d'apprécier la valeur réelle des diverses propriétés foncières, industrielles ou commerciales, auxquelles les propriétaires de ces valeurs voudraient appliquer le bénéfice de ce système monétaire.

Ces comités seraient nommés par voie d'élection et

temporairement ; ils seraient renouvelés chaque année. Un commissaire du gouvernement contrôlerait leurs actes.

Les propriétaires fonciers nommeraient le comité chargé d'apprécier la valeur de leurs propriétés. Il en serait de même des industriels et des marchands.

La subdivision commerciale et industrielle serait faite de telle sorte que chaque branche de l'industrie et du commerce nommerait son comité.

Les signes directs de la richesse publique seraient garantis par les propriétés foncières, par les usines et leur outillage, et par les produits de l'agriculture et de l'industrie, contre lesquels ils seraient toujours échangeables.

En créant les titres directs de la richesse publique, l'Etat peut supprimer tous les impôts et les remplacer par une taxe prélevée à chaque mutation de ces titres. La perception de cette taxe est simple et ne se ferait pas sentir. Par la création de ces titres, l'Etat peut organiser le travail sur des bases larges et puissantes ; et, loin d'occasionner la moindre perturbation, assurer l'ordre et satisfaire à tous les intérêts.

Je serais heureux que ces idées pussent fixer l'attention de l'Assemblée Nationale, et qu'elle y trouvât des éléments qui lui semblassent dignes d'examen ; dès lors je serais prêt à lui soumettre les moyens que je crois propres à en rendre l'exécution facile. Du reste, ces moyens sont indiqués dans le projet de réglement des ateliers nationaux soumis ce jour à l'Assemblée Nationale.

Les magasins venant s'adjoindre à ces ateliers assurent la garantie du signe monétaire de la production agricole et industrielle; ils reçoivent les produits échangeables contre des bons de service représentant une valeur égale à celle des produits qu'ils reçoivent et qu'ils délivrent ensuite en échange d'autres bons de service; en sorte qu'il y a émission à mesure de la production, et que l'amortissement a lieu chaque fois qu'il y a absorption ou emploi de l'objet produit; c'est-à-dire que ces bons rentrent en magasin jusqu'à concurrence de la valeur du produit absorbé ou employé par le consommateur, pour n'en ressortir que contre remise d'une valeur égale de nouveaux produits échangeables.

Ces bons offrent donc toutes les garanties désirables. Les bons de service délivrés sur les propriétés foncières trouvent dans ces propriétés des garanties suffisantes; ceux qui représentent les usines et l'outillage industriel trouvent aussi, dans l'activité que donnera leur émission à ces valeurs, une garantie non moins sûre que celles qu'offrent la production et la propriété.

L'ensemble de ces garanties suffit pour créer ces valeurs, dont l'émission rétablira la confiance générale; les marchands y trouveront un moyen de réaliser une partie de la valeur de leur marchandise, les industriels y trouveront la mobilisation d'une partie de leurs immeubles. On verra reparaître le numéraire argent auquel notre numéraire papier fera concurrence. Les transactions seront actives et nombreuses, le bien-être sera partout, la République prospérera; il n'y a que ses ennemis qui pourront s'effrayer d'une telle mesure.

En présence de la Belgique émettant des billets de 5 francs, de l'Allemagne n'ayant pour ainsi dire d'autre monnaie que des billets de 1 thaler (3 francs 75 cent.) et de 1 florin (2 francs 14 cent.), n'ayant pas d'autre garantie que celle de l'Etat, il n'est pas probable que la France, pays d'initiative, recule devant l'émission de papier monnaie offrant des garanties sérieuses et toujours réalisables.

H. OBERT.

Paris, le 29 Mai 1848.

PROJET

DE

CONSTITUTION DES ATELIERS NATIONAUX

LES DIVISANT

EN ATELIERS D'AGRICULTURE, D'INDUSTRIE,

ET EN MAGASINS COMMERCIAUX,

Présenté à l'Assemblée Nationale le 29 Mai 1848

CONSIDÉRANT que le travail est un droit pour tous ; qu'il doit en résulter le bien-être pour celui qui s'y consacre ; que chacun a droit à titre égal à l'instruction complète ; que la maladie est un accident dont la société doit supporter les charges ; que le vieillard, la veuve et l'orphelin ont droit à la protection de tous ; que les fruits du travail doivent revenir au producteur dans la proportion du travail effectué ;

ATTENDU que les ateliers nationaux doivent recevoir une organisation légale ;

L'ASSEMBLÉE NATIONALE DÉCRÈTE :

ARTICLE PREMIER.

Les ateliers nationaux se divisent en ateliers agricoles, en ateliers industriels et en comptoirs ou magasins commerciaux.

ART. 2.

Tous les membres des ateliers nationaux, directeurs,

comptables, chefs d'ateliers, contre-maîtres, ouvriers, hommes de peine, tous sont des travailleurs, tous seront associés.

ART. 3.

Il y aura fusion d'intérêts entre les divers ateliers nationaux et leurs magasins.

ART. 4.

Les ateliers nationaux recevront les cultivateurs et les ouvriers valides, hommes ou femmes, et les emploieront aux travaux de leurs professions, ou de celles qui s'en approcheront le plus.

ART. 5.

Sous la surveillance de l'Etat, et par une commission spéciale nommée à cet effet, il sera créé des bons de service jusqu'à concurrence du travail exécuté.

Ces bons représenteront aussi les propriétés mobilières et immobilières des ateliers. Ils seront délivrés aux ateliers à mesure de l'exécution des travaux. Ils auront cours légal.

ART. 6.

Les travailleurs de tous grades, employés dans les ateliers nationaux, auront droit à un traitement ou minimum d'intérêt proportionné au travail exécuté, et à l'importance des services rendus par chacun d'eux; ils auront droit en outre à une part proportionnelle des bénéfices réalisés sur les produits des ateliers nationaux. Cette part servira :

1° A assurer un service de santé pour tous les travailleurs et chacun des membres de leurs familles ;

2° A fonder des écoles où tous recevront l'instruction primaire et technique ;

3° A fonder une caisse de pensions pour les travailleurs âgés et impotents, pour les veuves et les orphelins ;

4° A acquitter la part des charges dues à l'Etat.

5° Le surplus formant le bénéfice net sera réparti ainsi qu'il est dit ci-après, art. 18.

ART. 7.

Le minimum d'intérêts sera acquitté chaque mois en bons de service ; la part proportionnelle de bénéfices sera répartie chaque année.

ART. 8.

Tous les établissements industriels dans lesquels le travail régulier sera suspendu, tous les terrains communaux, les propriétés particulières, tous les biens d'hospices, les marais, marécages, landes, etc., dont la culture, le défrichement ou le desséchement sont ou seront négligés par les détenteurs, seront placés sous séquestre, et pourront être successivement exploités par les ateliers nationaux, qui pourront acquérir de gré à gré les terres et établissements industriels à leur convenance.

Les établissements industriels et les propriétés foncières placés sous séquestre et mis à la disposition des ateliers nationaux, seront expertisés par une commission spéciale. Le prix en sera acquitté en rentes 3 p. % sur l'Etat. Il en sera de même des propriétés acquises de gré à gré.

Les propriétaires d'usines et les chefs d'ateliers seront admis à faire partie des ateliers nationaux dans lesquels

leurs usines et ateliers seront reçus pour le prix d'esti-
mation fixé par des commissaires spéciaux. Ils recevront
ce prix en bons de service. Ils pourront continuer à
diriger leurs ateliers aux conditions fixées par les règle-
ments spéciaux des ateliers nationaux.

ART. 9.

Il sera créé des bons de service pour une somme égale
aux deux tiers de la valeur des propriétés mobilières et
immobilières mises à la disposition des ateliers nationaux.
Ces bons serviront à l'acquisition des objets de consom-
mation et d'usage nécessaires aux travailleurs, jusqu'à
l'époque de la réalisation des produits des ateliers.

ART. 10.

Les travailleurs éliront leurs chefs d'ateliers, contre-
maîtres et comptables. Ils nommeront des syndics arbitres
chargés de maintenir l'ordre et la discipline, de préparer
la solution de toutes les questions relatives au régime
intérieur des ateliers, enfin de juger les différends qui
pourraient survenir entre les membres de l'atelier. Les
syndics arbitres contrôleront et arrêteront les comptes de
l'atelier.

ART. 11

Un congrès spécial de travailleurs, chargé de traiter
toutes les questions de haute administration, et de régler
les intérêts des ateliers, se réunira chaque année près de
la direction centrale. Il se composera d'un délégué de
chaque atelier et d'un délégué de chaque magasin ; les
délégués seront nommés par les travailleurs.

ART. 12.

Le conseil des syndics arbitres se composera d'autant de membres qu'il y aura de professions ou de subdivisions de professions employées dans chaque atelier, chaque division étant représentée par un syndic.

Les fonctions de directeur sont incompatibles avec celles de syndic.

ART. 13.

Le traitement ou minimum d'intérêts sera établi, autant que possible, à façon et à la journée pour les travaux qui ne pourront s'exécuter autrement.

Il sera réglé suivant un tarif arrêté par le congrès sur la proposition des syndics arbitres, le commissaire et le directeur du magasin entendus, et sera calculé de manière à assurer l'existence journalière des travailleurs.

ART. 14.

Des magasins seront établis près des ateliers nationaux pour recevoir et centraliser leurs produits, en régler l'échange et en faire le placement. Ces magasins livreront à tout porteur de bons de service, et en échange de ces bons, tous les objets à leur usage au prix de revient. Les marchandises du commerce seront reçues dans ces magasins, soit en consignation, soit par achat définitif; leur prix sera fixé par des commissaires spéciaux et acquitté en bons de service.

ART. 15.

Un service de santé sera établi pour donner à domicile et distribuer sans frais tous les soins et médicaments

nécessaires à la santé des travailleurs et à celle de leurs
familles.

En cas de maladie, tout travailleur continuera à recevoir un minimum d'intérêts égal à celui qu'il recevait
avant la maladie.

Il sera établi des écoles où tous les travailleurs et leurs
enfants, sans distinction de position, recevront sans frais
l'instruction primaire technique et supérieure.

Une caisse de retraite et de prévoyance sera fondée
pour servir des pensions aux travailleurs âgés, aux impotents, à leurs veuves, et pour élever les orphelins.

ART. 16.

Les produits réalisables, en sus du minimum payé
pour le prix des façons, seront augmentés d'une taxe
servant à assurer les divers services et à couvrir les frais
des ateliers, ceux des travaux improductifs et les
charges dues à l'Etat.

ART. 17.

Des arrêtés spéciaux du ministre des Travaux publics
ordonneront la mise sous séquestre de chacun des établissements ou terrains auxquels l'Article 8 du présent décret
deviendra applicable.

ART. 18.

Les comptes seront arrêtés chaque année par l'administration centrale, sous la surveillance et l'approbation
du congrès des travailleurs.

Les frais généraux soldés, tous les services assurés, les

taxes dues à l'Etat acquittées, les bénéfices reconnus seront employés de la manière suivante :

Un tiers sera employé pour fournir un fonds de réserve, à l'effet de créer de nouveaux ateliers.

Les deux tiers restants formeront le bénéfice net et seront répartis entre tous les travailleurs au centime le franc du minimun d'intérêts réalisé par chacun d'eux dans le courant de l'année.

H. OBERT.

Paris, le 24 Mai 1848.

En Vente :

LE CATÉCHISME DU TRAVAILLEUR,

POUR SERVIR D'INTRODUCTION

A LA RÉORGANISATION DU TRAVAIL,

24, *rue de la Victoire*, chez l'Auteur; et chez les principaux Libraires.

Imp. Pollet, rue St-Denis, 380. — CARRÉ, associé, passage du Caire, 77.